सुख़न का सफ़र

(The Journey of Poetry)

निितन पाटिल 'नदीम'

Nitin Patil 'Nadeem'

राजमंगल प्रकाशन

An Imprint of Rajmangal Publishers

ISBN : 978-9348578211

Published by :

Rajmangal Publishers

Rajmangal Prakashan Building,
1st Street, Ozone, Ramghat Road
Aligarh-202001, (UP) INDIA
Cont. No. +91- 7017993445
www.rajmangalpublishers.com
rajmangalpublishers@gmail.com
sampadak@rajmangalpublishers.in

प्रथम संस्करण : June 2025 – पेपरबैक

प्रकाशक : राजमंगल प्रकाशन

राजमंगल प्रकाशन बिल्डिंग, 1st स्ट्रीट,
ओजोन, क्वार्सी, रामघाट रोड,
अलीगढ़, उप्र. – 202001, भारत
फ़ोन : +91 - 7017993445

First Edition : June 2025 – Paperback
Printed by : Thomson Press India LTD & Repro India LTD
eBook by : Rajmangal ePublishers (Digital Publishing Division)

प्रस्तावना

सुख़न का सफ़र कब शुरू हुआ यह कहना तो शायद मुश्किल है। पर यह सफ़र कई दौर से गुज़रा। पहले तो उर्दू से शनासाई हुई। बचपन के दिनों में दूरदर्शन पर आने वाले प्रोग्राम उन में इस्तेमाल की जाने वाली उर्दू एवं शायरी दोनों ही दिल को बहुत लुभाते थे। उन्हीं को सुनते-सुनाते उर्दू और शायरी से मुहब्बत का एहसास हो गया था। फिर एक लंबा दौर आया जिसमें कविताओं और ग़ज़लों में अपने जज़्बात को बयान करने का सफ़र शुरू हुआ। फ़न की समझ उतनी नहीं थी। मगर कुछ शायराना अंदाज़ में बात कहने जितनी क़ाबिलियत पनपने लगी। इसी दौर में कई दिग्गज शायरों और ग़ज़ल गायकों को सुनने का सौभाग्य मिला। जब अच्छे लोगों को सुनते हैं तो उसका थोड़ा बहुत असर आपके काम पर हो ही जाता है। फिर वह मुझ जैसा अदना सा शायर ही क्यों न हो। जो जज़्बात महसूस हुए उन्हें शायरी और कविताओं के ज़रिए बयान किया। और महसूस किया कि सिर्फ अपनी ही ज़िंदगी को क़रीब से जानकर हम कितना कुछ समझ सकते हैं। या यूँ कह लीजिए:

मैंने हर पन्ना पलटा हर लफ़्ज़ को छू के देखा
सीखा सभी से पर ज़िंदगी सी तो कोई किताब नहीं

उम्र के बीच में ऐसा दौर आया जब रोज़मर्रा की ज़िंदगी में मसरूफ़ियत इस क़दर बढ़ गई कि लिखना कम हो गया। पर वक़्त के साथ शायरी से रिश्ता और भी गहरा होता गया। कहीं कोई अच्छी ग़ज़ल

सुनाई पड़ती तो दिल को सुकून मिलता। ज़िंदगी का सफ़र चलता रहा और जब कभी आमद हुई तो उसे पन्ने पर उतार दिया। जैसे-जैसे वक़्त बीता मन में इच्छा हुई शायरी के फ़न को बेहतर समझने की। शुक्र है इंटरनेट का और रेख़्ता का जिनकी वजह से अदबी शायरी के हुनर को बेहतर तरीक़े से समझने का ज़रिया मिला। इस के साथ अच्छे शायरों को और ध्यान से पढ़ा जिससे फ़न को समझने में मदद मिली। और शुरू हुआ सुख़न के सफ़र का दौर जिसमें अपनी शायरी में अदब का निखार लाना शुरु किया। वह सफ़र जो बयान-ए-जज़्बात से शुरु हुआ उसमें धीरे-धीरे जैसे पुख़्तगी पनपने लगी हो।

अब अच्छी सुख़न 'नदीम' मिले न मिले
हमने तो मुक़द्दर बस आज़मा लिया

यह सफ़र ताउम्र यूँ ही चलता रहेगा।

नितिन पाटिल 'नदीम'

www.nitinpatil.net

आभार

मैं शुक्रगुज़ार हूँ मेरे समस्त परिवार का जिसकी बदौलत मुझे जीवन में प्यार और अनुभवों के इतने रंग देखने को मिले। उन अज़ीज़ दोस्तों का शुक्रिया जिनके साथ ग़ज़ल-गोई के सुहाने पल गुज़ारे हैं। उन दोस्तों और लोगों का भी जो जाने-अनजाने में मेरी रचनाओं में बसे हैं। मेरे प्यारे मित्र 'दीपक दा' का तहेदिल से धन्यवाद जिनकी म्यूज़िक-कैसेट की दुकान पर बैठ घंटों तक हम दोनों ग़ज़लें सुना करते थे। यहाँ मैं फिर से इंटरनेट और खासतौर से रेख़्ता का शुक्रिया अदा करना चाहूँगा जिनकी वजह से अच्छे सुख़नवरों को पढ़ने और उनके फ़न को समझने में मदद मिली।

अनुक्रमणिका

त'आरुफ़[1] में अपने क्या कहूँ ज़र्रा हूँ आफ़ताब[2] नहीं
ना उसकी मिसाल है गर तो मेरा भी जवाब नहीं
जिसने बेवफ़ाई के बदले में भी प्यार ही दिया
उस दीवाने की मुहब्बत का तो कोई हिसाब नहीं
उन दिलों को ना ठुकराओ जो प्यार ही बरसाए फ़क़त
उन दिलों को सहलाओ जिन में कोई भी ख़्वाब नहीं
मैंने हर पन्ना पलटा हर लफ़्ज़ को छू के देखा
सीखा सभी से पर ज़िंदगी सी तो कोई किताब नहीं
थम जाएगा दो पल में यह कैसे सोचा तुमने
यह 'नदीम' है इक जज़्बा हुज़ूर कोई सैलाब नहीं

---

1. परिचय
2. सूरज

मुझसे रूठा है जो शायद कोई यार होगा
उसके शिकवे में भी तो छुपा कोई प्यार होगा
वक़्त के दरिया में जाने क्या-क्या बह जाता है
हमारी दुनिया में वक़्त से ना कारोबार होगा
ना ख़ुशी में आवाज़ दी उसने ना ग़म में पुकारा
पर तन्हाई में तो मेरा इंतिज़ार होगा
मैं तो हूँ मुतमइन[1] मुहब्बत से अपनी इतना
उसे भी तो अपने प्यार पर एतबार होगा
दूर हूँ लेकिन तेरे दिल की धड़कनों में हूँ
आलम-ए-फ़ुर्क़त[2] भी फिर से आज ज़ार[3] होगा
सच है 'नदीम' कि बातें कम ही होती हैं अब
पर यह दिल तो बस तुम पर ही निसार[4] होगा

---

1. संतुष्ट
2. जुदाई का माहौल
3. दु:खी
4. न्यौछावर

तुम से मिलने के बहाने हैं बहुत
शहर में लेकिन दिवाने[1] हैं बहुत
इब्तिदा[2] है ज़िंदगी की तुम से पर
बीच में मंज़र बिगाने[3] हैं बहुत
कब तलक ढूँढोगे मतलब बातों का
कहने को यूँ भी फ़साने हैं बहुत
जो सदा[4] दी है फ़ुग़ाँ[5] ना समझो तुम
रखने को वैसे तो शाने[6] हैं बहुत
फिर कभी अंजाम की सोचेंगे हम
दाग़[7] दिल के अब मिटाने हैं बहुत

---

1. दीवाने
2. शुरुआत
3. बेगाने
4. पुकार
5. फ़रियाद
6. कंधे
7. ज़ख़्म

जज़्बात अपने वो चाँद को सुनाया करते हैं
लिखकर किताबों में मिरा नाम छुपाया करते हैं
क्यों कर वो रूबरू हो मुहब्बत में ऐ नादाँ दिल
उनकी तरफ़ से अब भी पैग़ाम आया करते हैं
कोई इसे न निगाह-ए-ग़लत-अंदाज़[1] समझ बैठे
अक्सर वो नज़रों से हाल-ए-दिल जताया करते हैं
कुछ लम्हों की मुलाक़ात ही सही तो क्यों ना हो
दीवाने तो याद में उम्र बिताया करते हैं
आता है मुझ को ख़ुल्द[2] का ख़याल ये सुनकर फिर
अक्सर मुझ को वो दिल-नवाज़[3] बुलाया करते हैं

---

1. ऐसी नज़र जो हर किसी को लगे उनकी ओर है
2. जन्नत
3. प्रेमी

भीड़ में रह के भी बोला नहीं हूँ मैं
आदमी हूँ कि फरिश्ता नहीं हूँ मैं
नाले[1] हैं तो कई दर्द और फ़ुग़ाँ[2] भी
सबका हमदर्द हूँ दरिया नहीं हूँ मैं
ढूँढते आते हैं ये ग़म मुझे क्यों कर
ख़ाक हूँ ज़ीस्त[3] का ज़रिया[4] नहीं हूँ मैं
भूल जाता हूँ यूँ तो कितनी ही बातें
एक मुलाक़ात को भूला नहीं हूँ मैं
पेशमाँ[5] से किसी बिखरा नहीं हूँ मैं
माज़ी[6] से हूँ जुड़ा सफ़्हा[7] नहीं हूँ मैं

---

1. आह
2. फ़रियाद
3. जीवन
4. माध्यम
5. परेशानी
6. अतीत
7. पन्ना

तेरा दिल यूँ परेशान क्यों नहीं
तेरी नज़रों में पैग़ाम क्यों नहीं
मैं हालात से मजबूर था मगर
वो हमदर्दी खुलेआम क्यों नहीं
उठाते थे वफ़ा की वो क़समें जो
सफ़र उनका अब आसान क्यों नहीं
मोहब्बत ही मोहब्बत थी तुम को तो
तेरी ज़ुल्फ़ों में अब शाम क्यों नहीं
यहाँ ख़ामोशी छाई तो है मगर
इस आलम[1] में मेरा नाम क्यों नहीं

---

1. स्थिति

ज़िंदगी में ऐसे भी मक़ाम आए
कि वफ़ा कर के भी दिल पे ज़ख़्म आए
करते हैं दावा फ़क़त जो क़ुर्बत[1] का
लोग भी मिलने वही तमाम आए
उम्र इसी इंतिज़ार में काटी
उनकी तरफ़ से कोई पयाम आए
ज़िक्र ख़ुशी का हुआ तो यह जाना
अब भी ज़ुबाँ पर तिरा ही नाम आए
शिकवे हैं उन को 'नदीम' से कितने
मेरी दुआ काश उन के काम आए

---

1. नज़दीकी

हर अश्क-ए-मोहब्बत[1] मैंने बचाए रखा है अभी
लोगों से तेरा नाम छुपाए रखा है अभी
कोई उँगली न उठे फिर तेरी ओर कभी
सारे शिकवों को हम ने भुलाए रखा है अभी
यादों के क़ाफ़िले हरसू[2] दिखाई देते हैं
कोई नश्तर[3] जैसे दिल को चुभाए रखा है अभी
फ़ुर्क़त[4] में कुछ कर गुज़रते दीवानों की तरह
हम ने यह निय्यत-ए-शौक़[5] बचाए रखा है अभी
ना तुझसे लिया कोई वादा ना तूने ही किया
बस तेरे लिए चराग़ जलाए रखा है अभी

---

1. प्यार के आँसू
2. चारों ओर
3. चाकू
4. जुदाई
5. प्यार का इरादा

हो बज़्म में या बहारों में हो
हमेशा तू एक हज़ारों में हो
ये प्यार में डूबी किश्ती बोली
ये लुत्फ़ कब इन किनारों में हो
जली शमा इंतिज़ार में जो
कहाँ तपिश[1] वह शरारों में हो
क्या होगा अंजाम सोचेंगे फिर
शुमार[2] तू पर दुलारों में हो
'नदीम' किसने निभाए वादे
अब इश्क़ तो बस सितारों में हो

---

1. जलन (बेक़रारी)
2. शामिल होना

इस सफ़र में मेरे हूँ मैं अकेला
हर जगह पे जैसे हूँ मैं अकेला
क्या कहे किसी से तन्हाई में कुछ
साथ ख़ामोशी के हूँ मैं अकेला
बात पे मेरी ख़ुद ही हँसता हूँ
हर ख़ुशी या ग़म में हूँ मैं अकेला
ज़िंदगी में ना हो दिल में तो हो तुम
साथ उन पलों के हूँ मैं अकेला
अब 'नदीम' क्या रक्खे शिकवा भी
राह में वफ़ा के हूँ मैं अकेला

सिलसिला यादों का बाहर निकला
जैसे लम्हा तुझे छूकर निकला
फिर कोई ख़्वाब सजा आँखों में
हमसफ़र बन मिरा दिलबर निकला
दिल ने ढूँढा तो न जाने कितना
कोई चारा न तेरे दर निकला
कौन है अपना यहाँ कहने को
हर किसी हाथ में ख़ंजर निकला
तुम को यह है गिला क्यों ना दी सदा[1]
नाम दिल में तिरा अक्सर निकला

---

1. पुकार

कतरा के उसने जो दामन चुरा लिया
हमने इक निगाह में क्या न पा लिया
आँसू जो छलके उसकी आँखों से
सैलाब में दिल के ग़मों को बहा लिया
मुद्दत हुई दोस्तों से रूबरू हुए
जैसे वीराने में घर सजा लिया
हर सफ़र में मंज़िल हो लाज़मी तो नहीं
हमने रास्ते को ही मंज़िल बना लिया
क़िस्सा ज़िंदगी का शुरू कहाँ करें ख़त्म
लो फिर ख़ामोशी को हमने अपना लिया
अब अच्छी सुख़न[1] 'नदीम' मिले न मिले
हमने तो मुक़द्दर बस आज़मा लिया

---

1. कविता

आते हैं फिर नज़र वो फ़साने से
लेते हैं नाम तेरा बहाने से
इस ज़िंदगी में क्या है यूँ तो अपना
बस बीतते हैं लम्हे बिगाने[1] से
पत्तों की चाप खोई कहाँ जाने
अब है कहाँ वो अपने ज़माने से
बरगद में अब सुकूँ का नहीं साया
खो ही गए वो झोंके सुहाने से
नामे-वफ़ा[2] से आँख चुराए जब
आते हैं याद दोस्त पुराने से

---

1. बेगाने
2. वफ़ा के नाम से

तकलीफ़ बहुत हुई जाना यूँ तो तेरे जाने से
पर दिल टूटा तब कि तू गई कितनी आसानी से
काश कोई कोशिश तो की होती तूने ए दिलरुबा
संभल ही जाता यह दिल ज़रा सा तेरे बहलाने से
इश्क़ तो सफ़र है कोई मंज़िल नहीं मेरे हमदम
है यकीं नहीं तुम्हें तो पूछ लो किसी दीवाने से
इक ज़िंदगी भर के साथ में क्या दूरी कैसे फ़ासले
रिश्ता तो निभाया जाता है बस साथ निभाने से
जब देखा उसने 'नदीम' दरीचे[1] से बाहर देखा
क्या करे मुहब्बत वह जिसे फ़ुर्सत नहीं ज़माने से

1. खिड़की

इस बज़्म[1] को यूँ ही सजाए रखना
इस प्यार को यूँ ही बनाए रखना
पीछे सितारों के ज़रूर जाना
पर दिल में यह मोती समाए रखना
तुम हो समझदारों के इक जहाँ में
नादानी को दिल में छुपाए रखना
कब जाने पड़ जाए उसे ज़रूरत
तुम हाथ को हरदम बढ़ाए रखना
चुपचाप रहते हैं जो उनकी ख़ातिर
दिल में जगह थोड़ी बचाए रखना

---

1. महफ़िल

करते तसव्वुर[1] कुछ दिल लगाया होता
तुम्हें भी मेरा ख़याल आया होता
कुछ बातें मुझसे भी छूटी थी लेकिन
तुमने कोई वादा निभाया होता
दिल की लगी में क्यों मैं ही तड़पा इतना
इश्क़ ने तुम पर भी क़हर[2] ढाया होता
दर्द का चारा[3] तो नहीं है मेरे पास
न आ सके तो मुझे बुलाया होता
जलाते हैं मुझे जो दिए तन्हाई में
इन दीपों ने तुम्हें भी सताया होता

---

1. कल्पना
2. संकट
3. इलाज

कभी वजूद[1] था अपना हैं वो ज़माने कहाँ
जहाँ सुकून मिले अब वो आशियाने कहाँ
सहारा जिसने दिया जब भी ज़िंदगी में थके
कि अब वो पेड़ कहाँ दिल-नवाज़[2] शाने[3] कहाँ
थी हर ख़ुशी उसी मुस्कान से बंधी जैसे
कशिश[4] वही कहाँ अब और वो फ़साने कहाँ
कहे नहीं जो कभी ऐसे भी थे कुछ अरमाँ
है तेज़ आँधी चली जाएँ अब छुपाने कहाँ
किसी की आस नहीं साँस है कि रुकती नहीं
'नदीम' दिल को जो बहलाते वो बहाने कहाँ

---

1. अस्तित्व
2. महबूब
3. कंधे
4. खिंचाव

जाने इश्क़ में क्यों वह बहाने बनाते हैं
नादाँ तो नहीं हम जो हँसी उड़ाते हैं
हम करते हैं प्यार वो करते हैं वादे
फिर वादे तोड़ बातों से जी बहलाते हैं
सोचते हैं क्या होगा इश्क़ का अंजाम अब
कह के हमराज़ दिल की बात छुपाते हैं
उफ़ ये अदाएँ क्या-क्या सितम वह ढाते हैं
दिल-लगी में अक्सर बेरुख़ी दिखाते है
क्या कहिए अब रस्म-ए-उल्फ़त[1] की हद को
दिल तो देते नहीं मगर लिए जाते हैं

1. प्यार की रस्म

राह-ए-वफ़ा[1] में फिर कोई दिलदार ना मिला
यूँ तो उठीं निगाहें मगर प्यार ना मिला
ढूँढा किए थे हम भी न जाने कहाँ-कहाँ
तुमको भुलाने का कोई आसार ना मिला
राह-ए-वफ़ा में लोग मिले भी यहाँ-वहाँ
दावा किया सभी ने वफ़ादार ना मिला
दिल शाद[2] था बहुत कहीं अपने ठिकाने में
तुमसे जुदा हो के वही गुलज़ार[3] ना मिला
बरसों पुराने ज़ख़्म थे जो आज जल उठे
ढूँढे से भी 'नदीम' वही ज़ार[4] ना मिला

---

1. वफ़ा की राह
2. ख़ुश
3. बगीचा
4. स्थान

जब इन आँखों में दुहाई नज़र आती है
मुझको जैसे तन्हाई नज़र आती है
देते हैं दिखाई कुछ नासूर[1] मुझे फिर
जब भी तू थोड़ी पराई नज़र आती है
हर रंग हो जाता है बिल्कुल बेरंग गोया
दूर अपनी ही परछाई नज़र आती है
कोई शय फिर दिल को भाती नहीं जानम
बस तुझसे ही रानाई[2] नज़र आती है
इसको सिर्फ मुस्कुराहट ना समझो तुम
इसमें मुझको तो ख़ुदाई नज़र आती है

---

1. कभी ना भरने वाला ज़ख़्म
2. सुंदरता

चमन का फूल हमसे आज यूँ उदास हो गया
पड़ा जो क़हर[1] वक़्त का तो मैं अनाथ हो गया
संभाल लेता था मुझे जो गिरने से भी पहले ही
कि आज जल के कैसे यूँ वो हाथ राख हो गया
कोई अजीब जादू सा था उनकी क़ुर्ब[2] में कि बस
मिला जो उसका दिल तो जैसे बाग़-बाग़[3] हो गया
न वक़्त-सी दवा कोई न वक़्त-सी सज़ा कोई
लो सादगी पे उनकी वक़्त लाजवाब हो गया
'नदीम' रोए हैं याँ मुस्कुराए हैं ख़ुदा वहाँ
ख़ुदा का बंदा आज तो ख़ुदा के साथ हो गया

1. प्रकोप
2. साथ
3. बहुत ख़ुश

फ़ुर्क़त[1] मिली अंजाम मोहब्बत का हुआ
अच्छा है चलो ख़त्म जो यह क़िस्सा हुआ
मिलते हैं गले भीड़ में यूँ तो सभी लोग
मैं सोचता हूँ कौन यहाँ अपना हुआ
ना पूछ मोहब्बत का सफ़र था कहाँ तक
उतना तो चला मुझसे तय फिर जितना हुआ
इक पेड़ था मुद्दत से मिरे दिल के क़रीब
देखा तो वो है जैसे शजर[2] उजड़ा हुआ
कुछ तुम से मुझे कहना तो था मेरे हबीब[3]
सुन लेते कि तुम से न फ़क़त इतना हुआ

1. जुदाई
2. पेड़
3. प्रिय

देते ही दस्तक आ गया कोई
इक शमा सी जला गया कोई
राह में कौन साथ था अपने
कैसे दिल में समा गया कोई
ज़िंदगी से उदास होने में था
चुपके से पास आ गया कोई
कहने भर को भी हम मिले ना थे
कैसे अपना बना गया कोई
ज़िंदगी तुझको समझा ही ना था
और उलझन बढ़ा गया कोई

हम आशिक़ों की ख़ातिर फूल कहाँ बरसाते हैं
दीवानों के नसीब में तो बस पत्थर आते हैं
किया है इश्क़ तो वादे पर एतबार मत करना
सुना है कि लोग अक्सर वादे कम ही निभाते हैं
उसकी ख़ुशी में देखी हमेशा अपनी ख़ुशी हमने
अब यह आलम[1] है वह हमीं से नज़रें चुराते हैं
कुछ तो असर हो अब तो हमारी मुहब्बत में आख़िर
देकर चोट भी वह ज़ालिम कैसे मुस्कुराते हैं
ऐसे दोस्तों से है 'नदीम' तन्हाई बेहतर
जो नए के लिए दोस्त पुराने ही भूल जाते हैं

---

1. हालत

वफ़ा में लुटने के अब फ़साने कितने
इश्क़ में मर मिटे वो दीवाने कितने
गोया[1] मोहब्बत का यह सबक तो निकला
ज़ख़्म आते क्या नए थे पुराने कितने
सोचूँ तो ज़िंदगी में क्या है मुझे हासिल
शहर में अपने ही अब बेगाने कितने
रवानी ही बन गई है ज़िंदगी गोया
बीतते हैं पल अब याँ सुहाने कितने
फ़ुर्क़त[2] का तुम्हें भी हो कुछ तो एहसास
बीतेंगे यूँ ही 'नदीम' ज़माने कितने

---

1. जैसे
2. जुदाई

मुद्दत से हम यूँ वक़्त गंवाते रहे
बस ज़िंदगी को यूँ ही समझाते रहे
कुछ अपनी थी मजबूरी कुछ नादानियाँ
दिल की तमन्नाओं को बहलाते रहे
महफ़िल में होती है शिकायत उन्हीं को
जिन के लिए महफ़िल को चमकाते रहे
थी आरज़ू तेरी निगाह-ए-इश्क़[1] की
हम दीद[2] को तरसे वो इतराते रहे
अपनी मुहब्बत की निराली है अदा
उलझाया तुम ने हम भी सुलझाते रहे

1. प्यार भरी नज़र
2. दर्शन

दीदार-ए-यार[1] से दिल के सारे ग़म निकलते हैं
बहार आती है जब मेरे सनम निकलते हैं
होता है जुदा मुझसे कुछ यूँ अपना ख़याल फिर
प्यार भरे दिल से जिस तरह वहम निकलते हैं
हमराह बनते हैं वो तो जैसे मिसाल बनती है
किसी सफ़र पर जैसे दो हम-क़दम[2] निकलते हैं
इक मुख़्तसर[3] सी बात ज़रूर कहेंगे उनको आज
घर से बस यही सोच के हर रोज़ हम निकलते हैं
यह इश्क़ तो है 'नदीम' बिल्कुल सराब[4] की तरह
इस को पीने वाले दीवाने कम निकलते हैं

---

1. महबूब का दर्शन
2. साथी
3. छोटी सी
4. मृगतृष्णा

हर झुकी नज़र में क़रार[1] नहीं होता
हर उठती निगाह में प्यार नहीं होता
मैं उसकी मुहब्बत को मान भी लेता
उन आँखों पर एतिबार नहीं होता
मैंने हर मोड़ पे हाथ बढ़ाया था
संग चलने कोई तैयार नहीं होता
देखे हैं इश्क़ के मौसम इसने कई
यह दिल यूँ ही बेक़रार[2] नहीं होता
चलने को साथ चले हैं वह अब तक
हमसफ़र[3] हमेशा यार नहीं होता

---

1. सहमति
2. बेचैन
3. साथी

दर्द-ए-इश्क़[1] को सीने से लगा लिया मैंने
पूछे तू मुहब्बत में फिर क्या पा लिया मैंने
यह सिला वफ़ा का कि दोस्त ना रहा कोई
लो भरे जहाँ को दुश्मन बना लिया मैंने
जिसने है किया रोशन तेरे ख़्वाब को अक्सर
आज फिर उसी ख़्वाहिश को जला लिया मैंने
तुमने तोड़ा है ऐसे गिर के उठना है मुश्किल
ज़ख़्म-ए-बेवफ़ाई[2] दिल में छुपा लिया मैंने
तेरा भी सफ़र है मुश्किल मुझे पता है जाँ
तेरी राह को लो फिर से सजा लिया मैंने

---

1. प्यार का दर्द
2. बेवफ़ाई का ज़ख़्म

आए हो तो रुक जाओ फिर लम्हात[1] हो न हो
कुछ देर ठहर जाओ फिर वह बात हो न हो
रह गया अधूरा जो टूटने को है बस अब तो
देख लो इसे कुछ पल फिर यह ख़्वाब हो न हो
है दिल ने पुकारा तुम को तन्हाई में फिर
देखो इस तरफ कि फिर यह जज़्बात हो न हो
दर्द-ए-दिल को कोई तो सहारा दो जानेमन
मुद्दत से हुआ है ख़ुश फिर यह शाद[2] हो न हो
इश्क़ पर भरोसा करो दो कदम तुम संग चलो
कर लूँगा बसर यादों पर फिर साथ हो न हो

---

1. पल
2. ख़ुश

इस दर्द-ए-मोहब्बत[1] ने उभरने न दिया
ज़िंदगी ने मगर मुझको गुज़रने न दिया
अपनों की शनासाई[2] बड़ी काम आई
ऐसे गिरा फिर से मुझे उठने न दिया
कोई कहे नादाँ तो मसीहा कहे कोई
इंसाँ किसी ने पर मुझे बनने न दिया
आया कोई मंज़र[3] जो ख़ुशी का कहीं पर
तो वक़्त ने भूले से ठहरने न दिया
हमने की मोहब्बत भी तो कुछ ऐसे 'नदीम'
दिल टूटा मगर इसको बिखरने न दिया

---

1. प्यार का दर्द
2. पहचान
3. दृश्य

गर्दिश-ए-वक़्त[1] ने वैसे तो मारा है
पाया है जो मगर वो तो सितारा है
शिकवे इस ज़िंदगी से कुछ हमें भी हैं
किसने समझा इन्हें किसने सँवारा है
जिस जगह आरज़ू को खो दिया हम ने
दिल में कैसे वो नश्तर[2] भी उतारा है
दोस्तों की मुहब्बत है मेरी क़िस्मत
ज़िंदगी वरना जैसे इक शरारा[3] है
दिल की कुछ बातें दिल से निकली ना बाहर
ग़म नहीं दोस्त यह दिल भी हमारा है

---

1. समय का चक्र
2. चाकू
3. चिंगारी

कब रोका है अपने जज़्बात के लिए
तुम रुक जाओ इस बरसात के लिए
अंधेरी रातों को समझा लूँगा मैं
तुम रुक जाओ चांदनी रात के लिए
कुछ सवाल मेरे भी हैं बाकी सनम
तुम रुक जाओ अपनी बात के लिए
जोशे-जुनूँ[1] हद से कहीं गुज़र ना जाए
तुम रुक जाओ कुछ लम्हात[2] के लिए
मिलना होगा अजनबी बनने के लिए
तुम रुक जाओ उस मुलाक़ात के लिए

---

1. दीवानापन
2. पल

चाँद फिर यादों को ले लाया है तुम भी हो कहीं
देर से अपना ख़याल आया है तुम भी हो कहीं
दिल के अरमाँ स्याही से आगे न पहुँचे आज तक
बिछड़ा मौसम सा उतर आया है तुम भी हो कहीं
ज़िंदगी की दास्ताँ रहती अधूरी बारहा[1]
जब भी मंज़िल को यहाँ पाया है तुम भी हो कहीं
ग़म भी क्यों हो अपनी बरबादी का मेरे हमसफ़र[2]
गर इसी मंज़र[3] पे पहुँचाया है तुम भी हो कहीं
ख़ुद से तन्हाई में मिलना वैसे है आसाँ कहाँ
दिल ने पर हम को ये समझाया है तुम भी हो कहीं

---

1. अक्सर
2. साथी
3. दृश्य

अब वो भी जाने कैसा सितम ढाए बैठे हैं
आके महफ़िल में नज़रें चुराए बैठे हैं
यह हुस्न क़यामत का और उस पे नाज़-ओ-अदा[1]
ऐसे बैठे हैं हम कि ग़श खाए[2] बैठे हैं
कहते हैं इशारों से वो नादाँ हमें अब भी
क्या जानें कैसे दिल को समझाए बैठे हैं
कोई आरज़ू ज़ीस्त[3] की हासिल नहीं हमें लेकिन
बड़े अरमानों से हम दिल लगाए बैठे हैं
भूले से भी उन तक यह पयाम[4] ना पहुँचे
हम अब भी उन्हें पलकों पे सजाए बैठे हैं

---

1. नखरे
2. बेहोश होना
3. ज़िंदगी
4. संदेश

ग़म-ए-तन्हाई[1] का कुछ तो इलाज करो
ज़रा मेरी सुनो कुछ अपनी बात करो
सजाई है यहाँ महफ़िल कि तुम से मिलूँ
मिरे ख़्वाबों-ख़यालों का लिहाज़[2] करो
अंधेरों से मैं कैसे मुतमइन[3] हो जाऊँ
चराग़ाँ हो[4] के तुम इस दिल को शाद[5] करो
मिलन के पल दो पल काफी हैं दोस्त मिरे
जहाँ ना दे रज़ा[6] तो इंक़िलाब[7] करो
यूँ तो मुझसे हैं खेले खेलने को सभी
न तुम से हो सके कुछ तो मज़ाक करो

---

1. तन्हाई का ग़म
2. आदर
3. संतुष्ट
4. रोशनी करना
5. ख़ुश
6. इजाज़त
7. बग़ावत

तुमसे मिलकर इक हसीं मोड़ आया है
ज़िंदगी ने जैसे ख़ुशी को बुलाया है
कभी यूँ ही बातें की तो कभी शिकवे
पर हरदम हमने साथ निभाया है
बात कहता हूँ तुझसे मैं यूँ अक्सर
जैसे कि तू मेरा ही साया है
वो लम्हे भी शामिल हैं क़ुर्बत[1] में
जन्नत सा सुकूँ जब हमने पाया है
यह एहसास-ए-ख़ुशी[2] ही क्या कम है दोस्त
कुदरत ने हम दोनों को मिलाया है

---

1. साथ
2. ख़ुशी का एहसास

दिल में रहते थे वो जज़्बात ही नहीं
क्या कहें हम कि कोई बात ही नहीं
था जिसके लिए अंधेरा चारों तरफ
क्यों आँखों में अब वह ख़्वाब ही नहीं
है उन्हें यह गिला कि हम चुप रहे सदा
और हमें है ग़म कि अल्फ़ाज़[1] ही नहीं
जिसमें जलते रहे हम सारी ज़िंदगी
अब दिल में बची वही आग ही नहीं
अरमाँ था कि ज़ख़्म-ए-जिगर[2] उनको दे चलें
पर उनसे 'नदीम' मुलाक़ात ही नहीं

---

1. शब्द
2. दिल का घाव

आया न ज़िंदगी में कोई आप की तरह
ना है सुकूँ किसी में तिरी याद की तरह
पलकों को मूँद हम सो तो जाएंगे आज भी
ना है कोई भी ख़्वाब तेरे ख़्वाब की तरह
कुछ वक़्त से जले तो कभी दिल ने ग़म लिए
ना है कोई भी दर्द ग़म-ए-यार[1] की तरह
इक शोर सा है बरपा[2] यहाँ अब किसे सुने
ना है कशिश[3] किसी में उस आवाज़ की तरह
हर मोड़ को 'नदीम' ने देखा क़रीब से
बरबाद कोई ना दिल-ए-बरबाद[4] की तरह

---

1. महबूब का ग़म
2. मचा हुआ
3. खिंचाव
4. टूटा हुआ दिल

वो नज़र से ही ज़ुबाँ का काम करते हैं
हम तो हुस्न का एहतराम[1] करते हैं
क्या सोच बनाए ख़ुदा ज़ेबा-अंदाम[2]
गुज़रें जहाँ से क़त्लेआम[3] करते हैं
दास्ताँ[4] है महताब[5] और आफ़ताब[6] की
हर कदम पर उनको सलाम करते हैं
पुर्सिश[7] कर रहे हैं कारोबार की वो
दीवाने भी कोई काम करते हैं
बस दो पल जहाँ पे प्यार के मिल जाएं
वहीं पे हम आशिक़ मक़ाम करते[8] हैं

---

1. आदर
2. सुंदर शरीरवाली
3. लोगों का संहार
4. कहानी
5. चाँद
6. सूरज
7. पूछताछ
8. ठहरना

मर्ज़-ए-इश्क़[1] दिल को हम समझा न सके
तुझे पा न सके तेरी याद मिटा न सके
बढ़ने लगी है अब तो ग़म की इंतिहा[2]
पर हाल-ए-दिल होंठों पर ला न सके
बस दूर से देखते हैं तेरे कूचे[3] को
तेरी बज़्म[4] में किस्मत आज़मा न सके
तुम जहाँ से गुज़रे थे वीराना है अब
कोशिश की मगर आशियाँ[5] बना न सके
बैठे हैं अंधेरे में शमा बन के आओ
फिर कोई चराग़ हम तो जला न सके

---

1. प्रेम रोग
2. सीमा
3. गली
4. महफ़िल
5. घर

बहुत हो चुकी बातें तहरीर[1] और अंजाम की
चलो बातें हो जाएँ कुछ अपने भी काम की
यूँ गुमसुम ख़यालों में जाते हो जानम कहाँ
क्या तुम को ख़बर है ज़रा अपने अरमान की
ये बरसों के ज़ख़्मों को अब वक़्त कैसे भरे
किसी दिन सुनो बात तुम भी तो नादान की
चले जाओगे शाम ढलते ही यह है पता
मगर तुम से रौनक है जाँ इस हसीं शाम की
समझते हैं हम भी अदाओं का मतलब सनम
ख़बर रखते हैं हम भी इस सीम-अंदाम[2] की

---

1. लिखा हुआ
2. सुंदर प्रेमिका

इस दस्तूर-ए-हयात[1] से ख़्वाब बहुत छोटे हैं
किताबें हैं बड़ीं मेरे हाथ बहुत छोटे हैं
यह वक़्त का तक़ाज़ा[2] अभी समझा नहीं हूँ मैं
तिजारती-जहाँ[3] में जज़्बात बहुत छोटे हैं
दोस्तों के शिकवे सुनकर होता है गुमाँ[4] सा
कि ये मेरे गिले तो आज बहुत छोटे हैं
इस उम्र की समझ से भला था बचपन अपना
क्या करें इस के तसव्वुरात[5] बहुत छोटे हैं
यही सवाल मेरा पूछूँगा ज़िंदगी फिर से
रहने दो आज 'नदीम' अल्फ़ाज़[6] बहुत छोटे हैं

---

1. जीवन के रिवाज़
2. ज़रूरत
3. व्यापार की दुनिया
4. संदेह
5. कल्पनाएँ
6. शब्द

ख़्वाबों में चेहरा बनाना छोड़ दिया है
तेरी यादों को बुलाना छोड़ दिया है
दुनिया ना दे आवाज़ें फिर से मुझे अब
मुद्दत से मैंने ज़माना छोड़ दिया है
यह भी मुमकिन है तक़दीर गुल खिलाए
मैंने तो इसे आज़माना छोड़ दिया है
उसको नहीं होता रास्तों से कोई शिकवा
जिसने हर कोई ठिकाना छोड़ दिया है
ये मोहब्बत 'नदीम' फिर से ख़ाक ना कर दे
मैंने अब दिल का लगाना छोड़ दिया है

फिर आज निकला ग़म भुलाने के लिए
सब कुछ लुटाया घर बनाने के लिए
लब चुप हैं राज़-ए-दिल छुपाने के लिए
है नींद तेरे सपने आने के लिए
ना जाने कितने ज़ख़्म दिल ने ले लिए
इक ज़ख़्म को अक्सर दबाने के लिए
हर बार तन्हाई मिली राहों में फिर
जब घर से निकला दोस्त पाने के लिए
हाँ टूटा है वादा तेरा फिर से मगर
मैं ज़िंदा हूँ अपना निभाने के लिए

अरमान-ए-दिल को ना सताया कीजिए
यह ख़्वाब है तो ना जगाया कीजिए
मैं इश्क़ के अंजाम तक पहुँचा नहीं
इस दिल की धड़कन ना बढ़ाया कीजिए
इनमें बसा एहसास-ए-इशरत[1] हो कोई
क़ुर्बत[2] में कुछ पल भी बिताया कीजिए
तन्हाई के आलम में मिलने आए हो
रस्मों को पर फिर ना बुलाया कीजिए
होता नहीं अपने मुक़द्दर पे यक़ीं
शर्मा के यूँ ना मुस्कुराया कीजिए

---

1. ख़ुशी का एहसास
2. साथ

दिल में वह बात फिर उतर आई
आई जो याद रातभर आई

दिल का बुझता चराग़ कहता था
रोशनी लेके अब किधर आई

कुछ न बोलेंगे सोचा था हम ने
बात लब पर वही मगर आई

आपके इश्क़ की अदा है अजब
मुड़ गए जब हमें नज़र आई

कैसे शब[1] इंतिज़ार में गुज़री
देखिए होने में सहर[2] आई

---

1. रात
2. सुबह

ढूँढा जिसे वह मंज़िल ऐसी तो न थी
जो थी रौनक़-ए-महफ़िल[1] ऐसी तो न थी
उस में इक अदा थी अदाओं में वफ़ा थी
वह मेरी जाँ ऐ दिल ऐसी तो न थी
कुछ मेरे ख़्वाब बसे थे उन आँखों में
इन ख़्वाबों का हासिल ऐसी तो न थी
इक सुकूँ सा मिलता था उस से मिल के
मेरे दर्द से वह ग़ाफ़िल[2] ऐसी तो न थी
सोचा था 'नदीम' वह मिटा देगी ग़म
ख़ामोशी का साहिल[3] ऐसी तो न थी

---

1. महफ़िल की जान
2. बेख़बर
3. किनारा

फूल है चाँद है ख़ुदा सा है
तेरा चेहरा बहुत जुदा सा है
प्यार तो करता आया दिल अक्सर
तेरी क़ुर्बत[1] में आसरा सा है
मेरे शेरों में क्या बयाँ होगा
जैसे इन में कोई ख़ला[2] सा है
हाल मेरा न पूछ कह अपनी
जो कहे बस किसी दुआ सा है
मेरी कोशिश को तू ही दे अंजाम
वरना हर मोड़ सानिहा[3] सा है

---

1. साथ
2. बेमतलब
3. घटना

यह बात नहीं सरफिरे अंजानों की
यह बात है कुछ दिलजले दीवानों की
माशूक़ की हँसी में भुलाया हर ग़म
वल्लाह अदा ख़ूब है मस्तानों की
हर लम्हा जो जलते ही रहे सारी शब[1]
परवाह न की रौंदते तूफ़ानों की
है इश्क़ को भी तुमने परख के देखा
फिर क्या दें मिसालें कोई इंसानों की
देखी ही नहीं जिस ने कभी तन्हाई
वो बातें हैं अब कर रहे वीरानों की

1. रात

तुमने जिसे तकरार[1] समझ कर छोड़ दिया
मैंने उसे बस प्यार समझ कर छोड़ दिया
यह दिल वही है जिसने सहारा तुम को दिया
तुमने इसे बेकार समझ कर छोड़ दिया
कुछ साथ निभाते भी तो क्या जाता था बिगड़
हर ख़्वाब को दुश्वार[2] समझ कर छोड़ दिया
है ज़िंदगी राहों से किसी मंज़िल से नहीं
साहिल को तो मझधार[3] समझ कर छोड़ दिया
देखो तो ख़ुशी है या हैं ग़म बिखरे हुए बस
इस ज़ीस्त[4] को गुलज़ार[5] समझ कर छोड़ दिया
जो वादा करो फिर वह निभाओ भी ऐ दोस्त
रिश्ता न कि औज़ार[6] समझ कर छोड़ दिया

---

1. झगड़ा
2. मुश्किल
3. दरिया क बीच की धारा
4. ज़िंदगी
5. बगीचा
6. यंत्र

अपनी भोली हँसी से मेरा जहाँ बसाओ तुम
कभी दीप जलाओ तुम कभी बस मुस्कुराओ तुम
यूँ भी तन्हाई में ख़्वाब नहीं सजते मुझ से
कभी इन को देखो तुम कभी इन को सजाओ तुम
ये ख़याल जाने यहाँ-वहाँ चले जाते हैं
कभी संग चलो तुम रूठें गर तो मनाओ तुम
तन्हाई का हर एक पल है जलता रहता
रुक कर देखो तुम फिर जी को बहलाओ तुम
दिल ही दिल में कहता हूँ जो अक्सर तुम से
चुपके से वो सुनो तुम फिर मुझे सुनाओ तुम

फिर चली हवा मेरे आँगन में
फूल कोई खिला मेरे आँगन में
कहने को तो यहाँ ज़र्रा[1] भी ना था
कोई अपना आया मेरे आँगन में
ख़्वाबों का हश्र[2] जो भी हो लेकिन
घर मैंने बसाया मेरे आँगन में
दो मिसाल तो फिर मजाज़[3] सी दो
चाँद को बुलाया मेरे आँगन में
प्यार से 'नदीम' कहा कुछ उसने
बचपन लौट आया मेरे आँगन में

---

1. कण
2. नतीजा
3. कल्पना

तुम ने पूछा न मैंने सुनाया ही नहीं
राज़-ए-दिल[1] कभी होंठों पर आया ही नहीं
तुम को मैं किसी हाल में गिरने देता न
तुम ने हाथ पर अपना बढ़ाया ही नहीं
दिल है आज उदासी में डूबा फिर से कि
फ़ुर्क़त[2] ने कभी तुम को सताया ही नहीं
जो भी अश्क बहा उसी के नाम का था
कोई अश्क तो ख़ुद पे बहाया ही नहीं
कैसे मैंने गुज़ारी मुहब्बत में उम्र
तुम ने सोचा न मैंने बताया ही नहीं
उस वादे पे 'नदीम' है फिर आज मिटा
वह वादा जो कि तुम ने निभाया ही नहीं

---

1. दिल का राज़
2. जुदाई

यह ज़ख़्म आपका दिया आप की वकालत करता है
सिर्फ हम नहीं हर कोई आपकी हसरत करता है
इक हम ही नहीं जिन्हें है शिकवा आपके हुस्न-ओ-अदा[1] से
गुज़रें जो गुलसिताँ से तो गुल भी शिकायत करता है
ढाए हैं बस ज़ुल्म आपने दिल तो कभी दिया ही नहीं
कैसे पता होगा इश्क़ इक दिल की क्या हालत करता है
फिर दिलबर हो या रश्क-ए-क़मर[2] जो चाहे आप रखें
बंदा त'आरुफ़[3] से नहीं आप से मुहब्बत करता है
आप लाख नज़रें चुराएँ हमको चाहें जितना भुलाएँ
यह इश्क़ है जानेमन हर दिल पे हुकूमत करता है

---

1. ख़ूबसूरती और अदा
2. इतना सुंदर जिसे देख चाँद को भी जलन हो
3. परिचय

इतने लंबे सफ़र में आएगा कौन
इस जहाँ में वफ़ा निभाएगा कौन
जब ख़ुशी में नहीं कोई यहाँ साथ
रूठे जो हम तो फिर मनाएगा कौन
जब इमोजी[1] में ही हो हर कोई बात
फिर यहाँ दिल से मुस्कुराएगा कौन
वह ख़ुशी ढूँढने चला गया दूर
सोचता हूँ वहाँ रुलाएगा कौन
दिल का रिश्ता भी पल में जो चला तोड़
प्यार इस नादाँ को सिखाएगा कौन
रुक गया घर में सोच कर ये 'नदीम'
मैं नहीं तो इसे सजाएगा कौन

1. इमेज कैरेक्टर

मीलों तक छाई इक तन्हाई है
फ़लक[1] से ऊँची ग़मों की गहराई है
जिस मंज़र[2] पर तुमने किया किनारा
वही मुलाक़ात दिल पे बस छाई है
हर राह जाती है बस तुम्हारे दर से
हर साँस बस तुम्हारी परछाई है
उनकी दीद[3] को बरसों बीत गए हैं
हमने भी कब यह आँख झपकाई है
कहते थे वह कुछ ना होगा उनको
देखो उनकी जान पे बन आई है

---

1. आसमान
2. दृश्य
3. दर्शन

धड़कन हो तुम अंदाज़ हो तुम
दिल में गूँजती आवाज़ हो तुम
मैं मंज़िल का क़ाइल[1] ना था
चल रहा हूँ कि मेरे साथ हो तुम
तुम बिन हर लम्हा अधूरा है
हर सवाल का तो जवाब हो तुम
कोई भी तुमसा क़रीब नहीं
जो सुलाए बस वो ख़्वाब हो तुम
और क्या बताऊँ भला तुम्हें मैं
जैसे अनकहा जज़्बात हो तुम

---

1. विश्वास करनेवाला

इश्क़ का क्या दिल आए किसी पर होता है
कौन कहता है चाहत में असर होता है
कोशिश भी बहुत रही और कशिश[1] भी बेहद
हमदम भी कब अपना हमसफ़र होता है
यादों की पनाह[2] नहीं होती है काफी
फ़ुर्क़त[3] में देखिए कितना क़हर[4] होता है
ढूँढता नहीं मैं कोई इलाज-ए-दर्द[5] अब
दिल तो हर कदम जैसे मुंतशिर[6] होता है
वो शहर वो बचपन जाने कहाँ खो गया अब
क्या बताए 'नदीम' कैसे बसर[7] होता है

---

1. खिंचाव
2. शरण
3. जुदाई
4. मुसीबत
5. दर्द का इलाज
6. बिखरा हुआ
7. गुज़ारा

तेरे जाने के बाद आई तेरी याद मगर कुछ देर के बाद
उसने सुनी तो मेरी फरियाद मगर कुछ देर के बाद
यह लंबा सफ़र कामयाबी का बस गुज़रता है तन्हा
देते हैं लोग तुम्हें आवाज़ मगर कुछ देर के बाद
कैसे किसी को हाल-ए-दिल बताया जाए अपना याँ[1]
कि बदलते हैं दोस्तों के मिज़ाज[2] मगर कुछ देर के बाद
मैं क्या समझाऊँ सयानों से भरी महफ़िल को लोगों
समझोगे तुम मेरी भी बात मगर कुछ देर के बाद
यह वक़्त का पहिया घूमता ही रहता है हमेशा 'नदीम'
कल तुम होगे जहाँ मैं हूँ आज मगर कुछ देर के बाद

---

1. यहाँ
2. स्वभाव